우리음식으로 빚은 詩

김필영 시집

우리음식으로 빚은 詩

김필영 시집

초판 발행 2015년 4월 25일
재판 발행 2015년 10월 9일

지은이 김필영

펴낸곳 한국외식정보(주)
펴낸사람 박형희
총괄진행 육주희
사진 이종호
주소 서울시 송파구 중대로 174(현대파크빌)
전화 02-443-4363
홈페이지 www.foodbank.co.kr

ISBN 978-89-87931-39-5 03800
값 10,000원

이 도서의 국립중앙도서관 출판예정도서목록(CIP)은 서지정보유통지원 시스템 홈페이지(http://seoji.nl.go.kr)와 국가자료공동목록시스템(http://www.nl.go.kr/kolisnet)에서 이용하실 수 있습니다.
(CIP제어번호 : CIP2015026966)

우리음식으로 빚은 詩

김필영 시집

한국외식정보(주)

한 그릇의 음식이
식탁에 오르게 되기까지
거센 파도와 싸우는 분께
땡볕에서 구슬땀 흘리는 분께
정성을 다해 음식을 만드는 분께
태양과 달과 지구와 눈비를 만드신 분께
마음깊이 감사하며 부끄러운 詩를 올립니다.
음식을 서로 나누어 드시는 분들의
사랑과 행복을 위하여
이 詩集이 불씨가 되기를 소망합니다.

김필영 올림

차례

春 봄의 맛

夏 여름의 맛

秋 가을의 맛

冬 겨울의 맛

□ 서문

한반도의 기본음식,
詩로 승화되다

김필영의 음식시,
『우리음식으로 빚은 詩』

유안진 (시인)

한반도의 기본음식,
詩로 승화되다

김필영의 음식시,『우리음식으로 빚은 詩』

유안진 (시인)

이제부터는 우리음식이 詩로 격상되었다. 우리는 시처럼 창조된 예술작품인 우리 음식을 먹게 될 것이다. 김필영 시인의『우리음식으로 빚은 詩』원고를 읽으면서 시와 시인의 중요한 사명을 새롭게 성찰하게 되었다. 흔히 시는 고매한 정신세계의 음식이므로 육신의 음식보다 상위라고 생각했는데, 그런 선입견이 무너졌다. 그의 이 음식시가 지진과 해일로 내게 엄습했을까? 시인으로서 나는 시를 최상위에 두고 섬겨왔지만, 하루 3번씩이나 읽고 배고파하며 시를 써 온 적은 단 하루도 없었다. 배고팠던 국난의 시기를 살아온 세대로서 유난히 먹는 것에 집착해서인지, 매일 세 끼니는 꼭 찾아 먹고 살아왔다. 만약 시에 매일 3번씩이나 허겁지겁 배고파했더라면 인류 역사상 가장 고매한 절창을 쏟아내지 않았을까. 이런 심각한 성찰은 음식이 시보다 하격이라고 여겨온 나의 놀라운 참회 고백이다.

먹는 것은 그만큼 우리 생명에 절대적이어서 천지창조에서도 창조주는 생명 유지에 필수적인 모든 것을 다 창조한 다음 6일째에야 인간 아담을 창조하여 굶지 않게 하였고, 인류를 굶주림과 불행으로부터 구원하기 위해 보내신 자 예수도 기도문에서 "우리에게 일용할 양식을 주옵시고…"라고 했으리라.

정신 분석학의 창시자 지그문트 프로이트는 심리적 성격발달이론의 첫 단계인 구강기(口腔期)에서 입술, 혀와 치아 등 입으로서 세상을 탐

지하고 학습하는데, 이 첫 단계에서 구강의 만족이나 불만족의 경험은 한 인간의 평생 성격형성에 결정적이 된다고 했다. 이후 신프로이트학파의 여러 학자들도 그의 이론의 허점들을 공격하면서도 이런 초기 경험의 중요성은 부정하지 못했다. 먹는 것은 이처럼 탄생부터 죽는 순간까지 생명의 행·불행과 직결요인이 되는 것이다. 바로 모유에서 시작된 음식이 아닌가.

나는 김필영 시인이 어떤 종교를 신앙하는지는 모르지만, 지극히 인간적인 이런 창조의 섭리이자 생존원리의 무의식인 전제에서 우리민족이 기본적으로 먹고사는 우리음식 64가지에 대한 음식시를 써서 시집으로 묶는것을 보며 그의 철학을 감지했다. 시는 감동이 생명인데, 여기 64편의 음식시가 한결같은 감동을 주는 것은 바로 이런 그의 철학에서 빚어졌다고 보기 때문이다.

우리 고시조에 "봄미나리 살진 맛을 임에게 보내고저..."를 기억한다. 또 강강수월래가 대표작인 작고시인 이동주씨는 "세상에서 가장 살기 좋은 나라는 한반도이고, 한반도 중에서도 해남이고, 해남에서도 가장 맛있는 음식은 토하젓"이라고 했다. 우리민족에게 한반도보다 살기 좋은 나라, 태어나서 자란 자기고향보다 더 살기 좋은 곳, 어려서부터 입맛들인 토속음식보다 덧 맛있는 무엇이 따로 있으랴. 이 시집은 바로 우리민족에게는 민족 대중이 일상으로 먹는 기본음식 64가지가 최고라는 진실을 상기시켜주고 있어 좋다. 비싸지 않게 쉽게 어디서나 먹을 수 있는 대중음식들만 모았다는 점이 더욱 좋다.

아니 이제부터는 우리민족은 아무리 허름한 식당에서 아무리 허름한 음식을 먹더라도 시의 품위가 서린 밥상을 받아먹게 된다는 점을 의심하지 않는다. 하루 3끼니를 먹을 때마다 음식예술작품에 서려있는 시와 동격(同格)의 시작품을 감상하듯 먹게 되고, 시창작과 동격의 요리사에 대한 경의로 먹게 될테니 저절로 한민족으로서 품위가 드높아지리라고 믿는다.

아무리 소박한 김밥 한 접시를 먹게 되더라도, 김밥이 만들어진 창조예술의 의미와 품격이 시 한 편 못지않게 동격이라는 것을 절감하며 먹게 될 것이다. 시가 언어예술이듯이 음식도 음식예술이고 둘 다 서로 다른 보완적인 문화 예술적 창조작품이며, 시인이나 요리사는 동격의 예술가라고. 몸이 마음만큼 절대적이어서 우열과 선후를 결정할 수 없듯이 말이다.

여기 『우리음식으로 빚은 詩』 64편은 우리민족이면 누구나 매일 먹게 되는 매우 평범하고 기본적인 음식이다. 그래서 우리민족을 지극히 우리민족답게 하는 기질적 체질적인 생활예술작품이다. 우리민족의 음식에는 김치 한 가지만도 700가지가 넘는다고 한다. 우리는 김치 한 가지를 가지고도 그렇게 다양하고 다채로운 반찬을 김치예술로서 창조해왔다. 그렇게 창조적인 생활예술로서 음식예술작품을 창조해 온 문화역사에서 중국, 일본의 생활문화와는 전혀 다른 독보적 건강한 생활문화가 지속되어 왔으리라. 김치와 비빔밥 등 몇 가지의 우리음식이 이미 국제어가 된 점도 우리음식의 놀라운 우수성에 근거되었으니.

김필영 시인의 음식시는 식당을 찾는 우리에게 대중적인 우리음식의 가치를 더욱 일깨워 주리라. 산야와 강, 바다의 모든 생물을 식재료로 삼아 내 몸처럼 소중하다는 자연과 생명존중철학을 일깨워 주리라. 왜냐하면 우리 선조들은 무엇을 가지고도 일상적 건강음식을 만들어 먹으며, 수난과 역경을 극복해낸 오랜 역사를 거쳐 왔기 때문이다. 나는 이 음식시를 읽으면서 "무 한 가지를 가지고 12가지 반찬을 만들 줄 알아야 며느리가 된다."고 하시던 어머니가 추억되어 눈물이 났다. 바로 여기 기본적인 우리 음식시는 그런 창조적 능력으로 만들어진 음식예술작품이기 때문이다. 더구나 봄·여름·가을·겨울 사계절마다 더 먹게 되는 계절맛으로 나뉜 음식시는 우리국민의 입맛을 조사한 기초자료에 근거했으리니, 오래 공들여 쓴 이 시집에 저절로 감탄하지 않을 수 없다.

한국문화사절단이 노르웨이를 방문했단다. 거기 주재원 가족들이 우리음식에 굶주린 사절단을 초대하여 우리음식을 대접하는 날, 한국고아를 입양한 노르웨이인 한 가족이 입양아에게 한반도 문화를 체험시켜주려고 합류했는데, 이미 성장한 그 입양아가 된장찌개 냄새에 감탄사를 연발하며 좋아하자 입양부모가 말했다고 한다. "너는 생후 2개월 만에 데려왔는데 어떻게 그렇게 맛있게 탐식하느냐"라고 하자, "난 아기 적에 먹었던 이 맛을 기억해요."라고 대답했단다. 아마도 태내에서 생모를 통해 먹은 음식 맛일 거라는 인체의 신비체험을 얘기한 적이 있다. 우리민족에게 우리음식은 이렇게 태내에서부터 생모를 통해 체질이 되고, 맵고 독한 음식향 같은 한반도인다운 기질과 성깔이 되어왔으리라.

이런 만감에 깊이 빠지면서 이 작품집을 묶는 김필영 시인은 자주 만나지 못했지만 경의와 존경으로 이 글을 쓰게 된다. 나는 아직도 삼합과 산낙지를 먹지 못하지만 앞으로는 기회마다 시도하고 그 참 맛을 혼신으로 음미하며 먹어보고 싶다. 아니 아무리 소박한 밥상이라도 요리사라는 음식예술가가 창작한 예술작품으로 대하리라. 거기서 소박 진솔한 시를 감상하며 먹게 되리라. 또한 부엌을 싫어하여 빨리 대충 만들어 먹던 나의 음식도 한편의 시를 쓰듯 정성스런 예술작품처럼 만들고 싶어진다.

그렇게 빚어진 한 끼를 먹고 나면 저절로 행복한 일상이 되고, 무슨 일이든 기쁨과 감사로 행복하게 일하게 되리라. 시인 김필영! 하루 세끼니 음식을 만드는 이들과 이 음식을 먹는 우리민족을 누구나 시인의 품위로 격상시켜준 노고에 고맙고 감사할 따름이다.

春

봄의 맛

영광굴비

쌀밥

간장게장

빈대떡

막걸리

홍어삼합

미역국

김치찌개

청국장

멸치볶음

장조림

불고기

보쌈김치

북엇국

소금

한과

영광굴비

연평바다를 향해 추자도를 거슬러
칠산바다 물살을 힘차게 가르던
야무진 뺨, 검은 눈동자를 보면
젓가락을 쥔 손에 힘이 들어간다
알밴 밀감빛 아랫배에서 밝아와
잔물결 출렁이는 은빛바다
아득히 연자줏빛 하늘과 맞닿아
몸통을 가르는 수평선에 머물고
천년 빛이 스민 염산의 갯벌소금에 여며
법성포구 하늬바람에 씻은
굴빗살 한 점,
가시 발라 숟가락위에 올려주던
어머니가 울컥, 그리워진다
살아가는 일이 만만치 않아
처진 어깨로 끼니를 때우려할 때
밥상에 올라온 굴비를 보면
등줄기에 불끈, 힘이 솟는다

쌀밥

쌀로 지었다고 다 쌀밥이 아니지
비결은, 쌀에게 자연의 기억을 회복시켜야 해
마른 쌀을 찬물에 한 시간쯤 담가
허수아비 춤추던 들판을 불러들여 봐
쌀눈이 빠지지 않도록 살살 씻어
솥에 붓고 손등까지 물을 채우면
발목이 물에 잠긴 벼처럼 일어날 거야
센 불에서 팔팔 끓여야만
달아오른 솥에서 이리저리 뒹굴며
땡볕에 땀 흘리듯 익어갈 테니
불끄기 전, 약한 불로 뜸 들여 주면
황금들녘의 벼처럼 순하게 돼
솥뚜껑 열어 김 올라오면 잠시 눈을 감아봐
밥을 풀 땐, 주걱으로 공기를 섞어 담아야
밥알 사이사이 갈바람이 담길 거야
쌀 중심에서 나온 땀의 쓴맛도
고향이야기 모락이는 입안에서는 고소한
자르르 윤기 흐르는 쌀밥

*도독(都督) : 신라시대 지방9주의 장관

간장게장 (꽃게 심문기審問記)

밥도둑이라는 그대가 어떻게 여기 왔는고
서해의 물살을 딛고 옆걸음 치다가
어부의 그물에 붙잡혀 왔나이다
여덟 개의 발은 밥을 훔치는 도구인가
바다의 진미를 저장하는 막대이옵니다.
들고 있는 두 집게는 흉기가 아닌가
천적을 만났을 때 정당방위 할 손이옵니다.
손가락을 문 적 있다는데 변명을 하는가
겁을 주려다가 실수를 한 것이옵니다.
등에 진 밥통은 밥을 담을 그릇 아니던가
거센 물살에서 새끼를 기르는 알집이옵니다.
그래도 밥을 훔친 것은 맞지 않는가
입맛을 당기게 했을 뿐
훔치지도 먹지도 않았사옵니다.
무엇이 입맛을 당기게 했는고
마늘 생강 양파 사과를 끓인 간장이
뱃속으로 스며들 때 흘린
제 쓰라린 눈물 맛인 듯하옵니다
이제부터 그대를 밥도독(都督)*이라 칭하노라

빈대떡

안개가 낮은 풍경을 지우며
비라도 내릴 것 같은 날
아내가 보름달을 굽는다
녹두반죽을 한 국자 떠서 펼치자
팬에 찰싹 달라붙는 달 한 덩이
달군 불판에 달을 뉘어
쑥갓 잎으로 계수나무를 심고
홍고추를 썰어 화석을 새긴다
이마에 땀이 송송 맺히면
분화구마다 고소한 맛이 깃들고
아내 마음은 동구 밖으로 나가
동동주 한 병을 들고 돌아올
남편을 마중 나간다
달의 뒤편까지 노릇노릇 구워 질 때
아내 기다림도 보름달처럼 달아오른다

막걸리

고슬고슬 찐 찰밥을
배꽃 필 때 빚은 누룩에 버무려
명경수에 담가 이레 밤을 새우고야
박속같은 얼굴로 웃는구나
보름밤 창호지 같은 맨살을
조롱박으로 떠서
진달래 꽃잎 띄워 벗과 마주한다
쓴맛인 듯 단맛 같고
신맛인 듯 떫은 입술에
입술이 녹는다
짜르르, 짜르르르
고단한 하루가 따라 들어와
흐린 가슴에 불을 밝힌다
발끝까지 피가 돈다

홍어삼합

사춘기 지날 무렵 장터에서
외삼촌을 우연히 만났는데요

"너도 한길 다 컷응게 탁배기 한잔 혀라
그라고 삼합, 한 점 혀야 어른이 된다잉"

어른이 된다는 말씀 싫지 않았는지
막걸리 한 사발 벌컥 들이켜고
외삼촌이 입에 넣어준 삼합
엉겁결에 받아먹었는데요
콧속으로 치미는 독한 냄새에
안절부절 허둥대던 기억, 어제 같은데요
내 나이 외삼촌만큼 되어
남도식당 노적봉에 가면
묵은지에 삶은 돼지고기 새우젓에 적셔
삭힌 홍어 위에 올리면
삼합을 먹기도 전에 코가 뻥 뚫리고
왜 눈물이 먼저 나는 걸까요?

미역국

눈물범벅 된 몸으로
당신 핏줄로 기른 생명 쏟아내고
물 한 모금 넘기기 힘겨울 때
나를 위해
벗어 놓으셨던 신발
다시 신으시려
바다 같은 마음으로 드신
첫 국밥

미역국을 먹는 것은
어머니 젖을 먹는 것
영구 기억장치에 내장된
초록 바다 보다 푸른 어머니
그 눈물을 먹는 것
내 어머니의 마음을 먹는 것

김치찌개

아름다운 만남은 오래 참아주듯
숙성김치와 얼리지 않은 제육
강한 두 맛이 어우러져 하나가 된다
도마에서 김치를 자르기 전,
사랑하는 사람의 얼굴을 떠올려본다
그 사람이 아, 하고 입을 벌렸을 때
한 입에 쏙, 들어가야 하기 때문이다
비게 섞인 제육은 모나게 썰어야
입안에 요리조리 뒹구는 맛이 즐겁다
팔팔 끓이기 전 제육을
익을 만큼 볶다가 김치를 넣으면
김치는 기름옷을 입고 제육엔 간이 들어
끓는 물에서도 제 맛을 간직하고 있다
식탁에 오르기 직전 두부를 넣고
고춧가루 한 숟가락 흩뿌려 주어야만
매콤한 고추향이 입안에 오작교를 놓는다.

청국장

더운 아랫목에서 이불을 뒤집어쓰고
끈적이는 실금이 나올 때쯤
코를 막아야 할 만큼
온 동네를 진동시키는 냄새는
나눠먹고 싶은 이 땅의 인심이다
반드시 뚝배기에 보글보글 끓여야만
구수한 맛이 깊어지니
제육 몇 점 곁들여 넣고
잘 익은 김치를 넣어 간을 맞춘다
밭에서 난 고기 한 입만 삼키면
냄새도 향이 되어
혀끝에서 뱃속까지 편안해져 와
반찬 없이도 밥 한 그릇은 뚝딱
고향집 어머니가 그리워지는

멸치볶음

추어, 행어, 멸어라 이름 붙은
그 작은 녀석들을 들여다보면
고기 어자魚字를 붙여 부름직하다
바다와 하늘을 가르는 수평선이
몸통 중심을 가르고
알을 낳는 내장을 가슴에 안고
무리지어 종족을 이끄는 두개골과
은빛 비늘에 맛과 향을 지녔으니
가히 손색없는 물고기렸다
마늘 풋고추를 간장에 초벌 볶고
물엿 참기름에 한 번 더 볶아
그 위에 참깨 송송 뿌려주니
맛도 영양도 뼈대 있는 가문답구나
내 오늘 너의 진가를 인정하여
우리집 밑반찬의 선봉장으로 봉하노라

장조림

막내를 극진히 사랑하신 아버지
식사 때면 막내와 겸상하셨다
막내와의 이른 별리를 예감하셨을까
당신의 지식과 지혜를
식탁에서부터 알려주셨다
아버지 밥상 단골 밑반찬은
누나와 형의 밥상엔 없는 장조림
나는 아버지께서 식사를 마치실 때까지
천천히 밥을 먹곤 하였는데
행여 아버지께서 장조림을 남길 때면
간간한 고기는 밥에 올려 먹고
조림장으로 밥을 비벼먹었다
날이 갈수록 야위어가던 아버지
날 위해 일부러 장조림을 남기셨음을
어리석게도
아버지가 되어서야 알게 되었으니

불고기

불고기 속엔 불이 없다
불로 뜨겁게 정을 익히는 요리다
혼자서는 결코 맛볼 수 없으니
정들고픈 이와 마주 앉아야 한다
불고기를 맛나게 먹는 비결은
잠을 잘 재우고 깨우는 것
소고기를 얇게 썰어 배를 갈아 넣고
대파는 어슷썰어 양념에 저며
간이 스며들 때까지 잠을 재운다
잠을 깨울 때는
재운 고기가 놀라지 않도록
약한 불에 육수를 적셔가며 깨워야
엉키지 않고 배시시 일어난다
달아오른 불판에 정겨운 눈빛을 함께 익히면
서로의 정도 맛깔스럽게 달아오른다

보쌈김치

가으내 바라만 보다
초록치마 펼쳐서
밤, 은행, 대추, 굴을 보쌈했네
어둠에서 서로 안고 맛이 들어
꼭꼭 여민 치마폭을 펼치네
보쌈김치는
삶은 돼지고기를 곁들여야
침샘이 솟아나니
오른손으로 먹기 전
왼손에 든 술 먼저 마시고
눈을 감고 음미해야 하네
얼얼하게 입안을 달구고
꿀꺽, 목을 넘어갈 때
자지러지는 맛
허벅다리에 힘이 솟네

북엇국

정 받으라 따르는 잔
정 주고파 주고 받다보면
속 좋은 장사 없네
쓰린 속엔 백약보다
황태만한 약손도 없다네
내장을 비워내고 덕장을 떠나
태백의 준령을 넘어
뼈를 발라낸 누런 황태살
끓는 솥에 제 몸 풀어헤치면
동해의 칼바람을 기억해내고
국물에 새벽노을이 물들어오네
북엇국은
정성으로 끓여야 맛이 드는 국
그 정성 한 그릇 마시고 나면
아무리 쓰라린 속도 봄눈 녹듯 풀린다네

소금

황금보다 소중하다는 자루를 열자
당신의 눈빛에 눈을 뜰 수가 없다
염전에 가두어 며칠을 땡볕에 심문해도
제 몸 자취 없이 산화한 후에야
감춰두었던 자식을 내어놓는다
사금파리처럼 각진 결정체를 들추니
파도소리가 바다의 울음인 줄 알겠다
조개가 옹이진 살 속에 진주로 울 듯
모래 같은 소금을 키워내며
떨어지려하지 않는 아이를 해안선에 부려놓고
수평선까지 달려갔다가 다시 돌아오는
바다는 그렇게 울었던 게로구나
살 속에 모난 자식을 키워내며
찢어지는 아픔을 참아낸 당신의 사리

한과

한과는,

우리의 생이 웃음소리 없이
쌀가루처럼 바수어 지더라도
토실토실 뭉쳐 살라하고

정직한 땀으로 기른 곡식으로
모두가 모인 잔치마다
거짓 없는 정 서로 나누라하고

미운마음이 일어서려 할 때
낮은 소리로 아삭아삭 얘기하며
물엿 스미듯 가까이 다가가
서로 기대고 안아주라 한다

夏
여름의 맛

냉면

함흥이면 어떻고, 평양이면 어떠랴
비빔냉면도 좋고 물냉면도 좋다
흰 눈 내릴 때 여름을 부르고
땡볕 쏟아질 때 겨울을 불러보자
살얼음 낀 육수에 소름을 얹어
눈물 같은 식초 몇 방울 뿌리고
수육위에 올린 삶은 계란 반쪽처럼
서로의 고명이 되어
우리 가슴 속에도 둥근달 떠오르겠지
뜨거운 육수 한 모금 마시고
서로의 눈빛 찡,하고 빛날 때
후루룩, 속 시원히 들이켜 보자
그대와 나 쫄깃한 면발처럼 만났으니
우리 사리처럼 얽혀
매콤한 겨자로 쌓인 상처를 씻어보자

잔치국수

살아가는 것이
밥그릇싸움으로 느껴질 때
밥그릇 마주하는 게 서먹해지면
잔치국수 말아주는
처마 낮은 집을 찾아간다
여기 저기 면발 들이켜느라
후르륵, 후르르륵
슬픔을 삼키는 소리 같아
젓가락을 놓고 돌아보면
남은 육수까지 다 비우고
트림소리 후련한 얼굴들,
삼백예순날엔 잔칫날보다
마음 다치는 날이 많아서
모르는 사람들 틈
등받이 없는 의자에 앉아
잔치국수 한 그릇 먹고 싶다

비빔밥

첫사랑이 눈빛으로 시작되듯
눈으로 먼저 맛을 본다
콩나물, 시금치, 호박, 당근
나물들이 지닌 빛깔을 들여다보면
자연의 이야기들이 오롯이
입안에 먼저 씹힌다
비빈다는 것은
서로의 체온을 아낌없이 나누는 것
밥과 나물의 맛과 향이 어우러진다
매콤한 고추장으로 간을 맞추고
고소한 참기름으로 향을 보탠다
비빈 밥을 한입 삼키며
고소해진 마음에 마음을 비빈다.

고추장

태양은 지구에 심고 싶은
가장 고운 빛 하나를 고추에 심었다
햇살알갱이들이 녹아 있는 고추는
가루로 빻아도 붉다
찹쌀풀을 쑤어 고춧가루를 붓고
둥근 그릇에 빙빙 돌려 저으면
붉은 징 같은 울음이 맴돈다
맘씨 고운 사람들은
햇살담은 기운을 먹고 싶어
고추장을 담근다
암울한 세상에 상처 받아도
고추처럼 맵게 일어서려고
고추장에 석석 비벼 먹는다
매운 고추를 붉은 울음에 찍어 먹으며
불끈, 주먹을 쥔다.

보리밥

사월의 창을 열면
솔잎보다 푸르러진 청보리밭
초록파도가 출렁인다
보릿고개를 넘어야했던 소풍날
보리밥 도시락 선생님께 드리지 못하고
청보리밭 사이로 돌아오던 길
봄은 눈치도 없이 싱그러워서
보리밭에 숨어 울었다
사월이 오면
마음은 보리밭으로 달려가고
보리밥 고추장에 비벼 먹여주던 얼굴들
명치 끝 빼근히 밀고 올라와
가슴 속 청보리밭 길을 걷는다

열무김치

십자화과 무속의 열무 한 접시
도란도란 나눠먹는 사람들 가슴마다
노랑나비가 날아든다
열무는 열이 많아 포개지면 누렇게 뜬다
박토에서 살아온 열무는 줄기도 질겨
부러뜨려 봤을 때 톡, 부러져야만
아삭아삭 씹히는 맛이 귀에 즐겁다
풋내가 나는 것은
상처에서 흘린 눈물 맛 때문이니
여린 몸에 칼을 대지 말 일이다
다진 마늘, 갖은 양념에 홍고추가 제격인데
찬밥 한 덩이를 갈아 넣어야 제 맛이 나온다
아기 다루듯 살살 정성도 함께 버무려
열무에 고추 향이 깃들어 발효될 때까지
고향 꿈을 꾸고 돌아온 열무라야
식탁에도 웃음꽃 피어난다

상추쌈

싸움을 싫어하는 착한 아내도
상추쌈은 즐긴다네

시누이에게 눈 흘기고 싶을 땐
상추쌈 입에 넣고 노려본다네

찬밥 한 덩이만 있으면
널따란 상추는 한 잎,
여린 상추는 두 닢을 포개어
풋고추를 쌈장 듬뿍 찍어
한 입 가득 기쁨을 먹는다네

상추쌈을 마주하는 날이면
여기저기 흩어져 사는 벗들과
상추쌈 하고 싶어
눈물 나게 그 얼굴들이 보고 싶다네

돼지갈비

"남자의 갈비뼈로 여자를 만들었다"는 말을
아내에게 들려준 날 이후
사소한 일로 냉랭해질 때면
내 옆구리를 콕, 찌르며
아내가 사인을 보낸다
화해를 핑계로 돼지갈비를 먹고 싶은 것,
못이기는 체 나서는 내 발걸음이
나도 몰래 경쾌해진다
가을 타는 나뭇잎처럼
숯불에 갈빗살이 지글거리면 아내는
내 옆구리를 콕, 찌르며 방긋 웃는다
아내 식욕을 집게가 따라잡지 못해도
돼지갈비에 술 한 잔 나눈 날 밤
내 갈비뼈 곁에서 쿨쿨 잠이 든 아내는
꿈속에서도 돼지갈비를 먹는지
입맛까지 다셔가며 꿀잠을 잔다.

삼계탕

음식은 옛부터
어른께 먼저 올리는 것인데요
삼계탕을 끓이시던 어머니
매형 앞에 먼저 놓아주신 뜻
사위 되어서야 알게 되었지요
당신 몫 통통한 다리 하나를
덤으로 얹어주시던 장모님
영계 뱃속을 정성으로 채우시며
찰밥처럼 끈끈하고, 밤처럼 포근하게
대추처럼 달콤하고, 인삼향처럼 그윽하게
뚝배기의 뜨거운 국물 마시듯 땀 흘리며
서로 열렬히 사랑하라는 뜻
삼계탕 먹을 때마다 생각납니다

수제비

바지락이 품어온
바다의 눈물로 간을 맞춘
김 모락이는 둠벙을 퍼 올리면
청고추의 칼칼함과
홍고추의 얼큰함이
입천장에 불을 지르네
뚝심 좋은 신랑이
꾹꾹 눌러 주무른 반죽
애교 많은 각시가 여몄으니
쫄깃한 찰떡살 일세
둥둥 떠오르는 옛 생각에
울컥, 목이 메면
뜨거워도 시원하다 우겨 말해도
그 말이 거짓 아닌 걸
먹어본 사람만이 알 수 있다네

육회

수온이 올라갈 무렵,

바다생선 앞에서 망설여질 때

믿을 수 있는 횟감은 단연 육회

순한 황소궁둥이 속

빛깔도 수줍은

혈관 비켜 간 홍두깨살

숫돌에 막 갈은 칼날의 예리함으로

빗살로 썬 선홍살

가을 과수원에서 금방 딴

과즙 물씬 나는 배를 채로 썰어

참기름 몇 방울 떨어뜨리고

생살에 볶은 깨를 뿌려 올리면

이 맛이 바로 그대와 나

깨 쏟아지는 맛

숯불갈비

오래전 충무로 그 갈빗집
입안이 허전할 때 생각난다
고기를 처음 먹는다던 그대가
순식간에 3인분을 뚝딱,
지갑을 텅 비게 해놓고 미안했는지
갈비엔 말 못할 향기가 있다했지
그대 내게 다가온 것처럼
숯불향이 갈빗살에 스며들어
돌아서면 다시 먹고 싶은 갈비맛
이글거리는 숯불에 달아올라
그대 볼에 노을이 피어날 때
우리 가슴도 뜨거워졌지
숯향처럼 그윽한 그대를
지금 내 옆구리 가까이 있게 해 준,

된장찌개

한반도 흙빛 닮은 된장
눈감고 맡으면 흙향이 난다
오래되어도 상하지 않고
묵을수록 맛이 깊다
흙에서 자란 콩으로 담갔기에
흙으로 빚어진 우리가
아무리 먹어도 탈나지 않는 약藥
된장을 즐겨먹는 몸엔
감기도 뿌리내리지 못한다
맹물에도 된장 몇 숟가락에
호박 두부 청양고추 넣고 끓이면
칼칼한 맛이 끼니마다 새롭고
오해로 토라진 사이도
된장찌개 가운데 놓고 삭히면
발효된 된장처럼 살아나는 정

칼국수

칼국수엔 서슬 퍼런 칼이 없다
맛깔스런 국물이 있다
칼국수 국물엔
겨울눈을 머금은 뽀얀 하늘이
함초롬히 내려와 있다
연둣빛 호박 채, 주황빛 당근 채
젓가락으로 섞기엔 너무 고와라
매콤한 홍고추양념장을 넣어
후루룩, 한 입 가득 들이켜면
방망이로 반죽을 미시던 여름밤
어머니의 손맛 코끝에 밀려와
뜨거워지는 가슴에 겨울눈 내린다

육개장

이열치열 더위를 즐기기엔
육개장이 제 격이라네
양지머리 육수 우려내는 솥으로
봄고사리들 주먹손으로 달려오고
빗물 흘러내린 토란줄기 껍질 벗으면
숙주향 대파에 스며든다네
얼큰한 육개장
입가에 붉게 바르며
이마에 굵은 땀 흘러내려도
허물없이 육개장 한 그릇 나누고픈
그대 오신다는 기별에
초롱초롱 여름밤은 밝아 오고
찜통더위도 성큼 물러선다네.

수정과

정갈한 물도 수정 들여다보듯
그윽이 들여다보고
그 깊이를 가늠하라고
자수정 빛으로 물들였는가
아무리 들여다봐도
수정과 속에 수정은 없다
가을이 물든 곶감이 잠긴 호수에
달빛에 익은 잣알 몇 개
꼬마오리들처럼 떠 있다
여간 음식도 서로 나누어 먹은 후
수정과 한잔씩 들고
사슴처럼 서로의 눈을 들여다보면
다정히 벙그는 마음
수정처럼 맑아진다

秋
가을의 맛

족발

소주

산낙지

광어회

삼겹살

낙지볶음

추어탕

전

순두부

콩나물

잡채

묵

꽁치구이

돼지국밥

찐빵

족발

저 짧은 다리로
어디서부터 걸어왔을까
결승점까지 쓰러지지 않으려고
발톱마저 빠져버린 발
다리도 아니요, 발도 아닌 족발은
그 단면의 빛깔을 먹는 것
아롱아롱 피어난 콜라겐 꽃무늬
칼날의 아픔을 참아낸 가을꽃 같아
혼자 먹기엔 너무 외롭다
꽃잎 한 장 새우젓에 적시어 펴면
우리 가슴 속에도 발자국 피어날까
가을꽃 한 잎 상추에 싸들고 갈등한다
그대에게 먹여줄까, 내가 먹을까

소주

초록병을 흔들어 깨우자
소용돌이치는 공기방울들
오늘도 참 애썼구나
첫잔에 이슬 떨어지는 소리
꿈 꿈 꿈,
그대 가슴에도 처음처럼
맑은 이슬 맺히는가
넘치지 않고, 모자라지 않게
병목을 넘어와 담기는 정情
씁쓸한 하루가 가슴 속으로 스러진다
이 맑은 술 그 어디에
타는 불꽃이 숨어 있어
식은 가슴이 이토록 달아오르는가

산낙지

바다가 그리운 날엔 친구여,
산 낙지를 먹세
갯벌이 그리워
흡반으로 유리를 붙들고
고향 꿈을 꾸는 녀석들을 따라
가슴 속의 바다로 가세
죽음 앞에
여린 발로 날선 칼날을 휘감는
두려움 없는 저 몸짓을 보소
가난이라는 파도가 밀려와도
우리 죽는 날까지
두려움 없이 살아가야 하느니
한잔 가득 자네 마음을 따라보게나

광어회

제주 섬을 동서로 돌아
한반도를 적신 물을 마셨다면
양식이든 자연산이든 신토불이겠다
납작한 광어는
백의민족을 닮은 물고기
속살이 희고 비린내가 나지 않는다
나보다 남을 낫게 여기듯
바닥에 엎드려 낮은 자세로 산다
광어회의 백미 지느러미 살도
우리가 서로에게 양보하듯
먹이 앞에서도 서두르지 않는다
우리가 모르는 사이 광어는
두 눈을 한곳에 모아 바라보는걸 보면
좌우로 편 가르지 말고
제 살을 안주삼아 따뜻한 잔 서로 나누라
온몸으로 일러 준다

삼겹살

반가운 이와 함께 삼겹살을 굽는다
불판에 마음도 올려놓는다
단면의 빛깔만으로 힘이 솟는
탄력을 숨긴 콜라겐 껍질 아래
처음 수태하려고 부끄러웠을 연분홍살,
먹이투정 없이 자란 건강한 선홍살,
주고만 싶은 우윳빛 살이 퇴적층처럼 쌓여있다
손바닥이 데일만큼 달아오르기 전에는
절대 고기를 올리지 말 일이다
미지근한 불판에서 육즙이 줄줄 빠져나가면
맛도 탄력도 달아나 버린다
불판 위에 잘 익은 가을을 불러들여
단풍잎 뒤집듯 노릿하게 구워야 고기 맛이 난다
이때, 깻잎을 곁들인 상추에 밥을 올려놓고
된장을 찍은 마늘 위에 삼겹살을 올려
한잔 권하고, 그 입에 쏘옥 넣어준다
삼겹, 남은 이야기를 함께 굽는다

낙지볶음

뼈대 없는 가문이라 비웃지 마오
갯벌을 맨발로 기어가며
악착같이 살았다오
영양가 높은 조개를 사냥하던
오통통한 다리를 보소
지친 소도 벌떡 일어난다는 말
옛말만은 아닐 듯하오
고추장에 양념 버무린 양파를 볶다가
여덟 개 다리를 통째로 넣고
흡반이 익을 때까지 살짝 볶아
통깨를 뿌려 데운 접시에 올리고
오랜만에 그대와 마주 앉으니
지친 마음이 벌떡 일어나네

추어탕

추어鰍魚,
고기 어魚자를 이름에 두고
수염까지 의젓하게 길렀으니
사내로 치면 군자君子쯤 되겠다
단풍이 지쳐 들녘으로 내려오면
네 가슴도 누렇게 물들었지
헛간에 걸린 시래기를 삶아
뼈째 갈아 넣고 고왔으니
단백질 고수와 섬유질 고수가 만났구나
내 오늘 너와 한 몸이 되려하니
내일은,
태산이라도 들어 올리겠다.

전煎

비가 내리는 날엔
고소한 냄새가 생각나
가마솥 뚜껑에 기름을 두르고
전을 부친다
애호박은 얄팍하게 썰고
동태는 포를 떠서
밀가루 분을 발라 계란 옷을 입힌다.
전을 부치는 일은
가을이 익기를 기다리는 일
솥뚜껑이 달구어 지면
붉은 실고추를 뿌려
나뭇잎에 단풍빛깔 물 들 때까지
겉이 타지 않도록 기다려야한다
찢어지지 않게 잘 뒤집어야
가을의 맛도 고소해진다

순두부

純두부든, 順두부든
순두부처럼 보드라운 것이 있을까
순두부엔,
누나 마음 같은
엄마 마음 같은
다정하고 포근한 마음이 들어 있다
숟가락으로
눈송이 한 숟가락
목화꽃 한 숟가락
뭉게구름 한 숟가락 떠먹는다
입안에 들어 온 순간
씹을 겨를도 없이 침샘을 적시고
그대 마음이 부드럽게 당겨오듯
목구멍으로 미끄러져
한 마음이 되는,

콩나물

한 번도 신발을 신어본 적 없는
저 맨 발의 무희들
어둠에 갇혀 바깥을 꿈꾼다

먹을 것이라곤, 물 한 모금 뿐
고작 일주일의 삶이 이렇게 치열하다니
그 물소리 귀 기울이다
발끝을 세워 키를 늘이는
저 무른 관절엔 마디도 없다

흑암에서 여문 금빛 꼬막손으로
허공을 더듬어 틈을 찾는다

누군가 쓰린 속을 달래주기 위해
또 한줌의 몸이 뽑혀나간다.

잡채

잡雜이란 이름 첫 글자 때문에
부를 때마다 미안하다.
잡雜이란,
잡스러움을 포용한다는 말,
뻣뻣한 당면도 끓는 물에 힘을 빼고
시금치 당근을 끌어안고
양파 버섯과 어우러지듯
뒤섞여도 순진한 맛이란 말,
누구라도 차별 없이 즐기라는 말,
햇살 그을린 살결 같은
조선장 빛깔 배인 잡채 한 접시
가운데 놓고 둘러앉으면
서먹하던 사이도 쫄깃하게 정이 들어
두 손을 마주 잡는다

묵

묵사발이 되는 건 싫다
묵 한 사발 가운데 놓고
한잔 나눌 누군가 있으면 좋겠다
메밀묵이든, 청포묵이든, 도토리묵이든
묵은 느림의 결정체
앙금을 느릿느릿 저어 끓여
천천히 식혀야만 탱탱해지는 묵
빨리 먹으려하면 부서지고
빈 젓가락만 남는다
미끌미끌한 묵은
조심스럽게 집어 입에 넣고
쑥갓향 참기름 향이 묵에 스미도록
입안에서 으깨어
묵묵히 먹는 맛이 일품이다.

꽁치구이

갓 구운 꽁치 한 마리
고도의 설계로 만들어졌음이 분명하다
등선에서 배지느러미 쪽으로 말아 감아
줄 당기기 하듯 당겨진 곡선의 내각들
바다 속 수압을 견디며 잠수하는 데 용이할 것이다
물살을 갈랐을 야무진 뺨 위로
심해 속을 꿰뚫어 보던 눈을 부릅뜨고 있다
뾰족한 머리에서 미끄러진 매끈한 몸통 끝까지
마찰계수를 줄여주던 피부에 윤기가 흐른다
등과 배의 경계, 암청색 하늘과 맞닿은 은빛 수평선
젓가락으로 허공과 바다를 가른다
몸을 곧추 세워 고속추진을 도왔을 중심 뼈
꼬리 끝까지 흐트러짐 없이 정교하다
척추 좌우에 직각으로 뻗은 가로 뼈들
거북선 노처럼 일정한 간격으로 심겨져 있다
저 뼈가 있어 뒤집히지 않고 먹이를 벌었으리라
부채살처럼 세운 꼬리지느러미
능숙하게 방향을 바꿀 수 있게 가운데가 잘록하다
이 꼬리를 너무 휘두르다 그물에 걸려들었을 것이다
꽁치를 보면 아무래도
잠수함 설계자가 모델로 삼았을 공산이 높다.

돼지국밥

우리 국밥 한 그릇 할까
이처럼 편안한 말도 흔치 않다
계절에 관계없이
복장에 관계없이
지갑두께에 관계없이
불쑥, 내미는 말이 정겹다
값이 싼 돼지국밥은
몇 시간 뼈를 우려내고
냄새를 비워내는 정성이 깊다
푹 삶은 머리고기와 내장이
숟가락마다 푸짐히 담겨와
소주 한 잔 곁들이면
가난도 서럽지 않다
그릇바닥을 비울 때까지
깍두기가 입안을 개운하게 헹구어주면
숟가락 든 손에 힘이 솟는다

찐빵

하굣길 찐빵집을 지나칠 때면
누군가 부를 것만 같아서
반대편으로 고개를 돌리고 지나친다
어떤 친구들은 찐빵에 홀려
책가방을 맡기고 먹기도 하는데
교과서를 사지 못한 나는
텅 빈 가방이 가벼워서
종종걸음으로 찐빵집을 지나곤 했다
도시락도 싸오지 못한 내게 선생님은
가끔씩 찐빵을 사주셨다
설탕이 뿌려진 누런 찐빵위로
달콤한 팥소향이 모락일 때
먹지 않아도 마음까지 훈훈해 오던 길
옛 거리를 닮은 학교 앞을
우연히 지나노라면 두리번두리번
나도 몰래 옛 찐빵집을 찾는다

송편

송편을 예쁘게 빚어야
예쁜 딸을 낳는다며
어머니는 누나들을 불러 모은다
두레상에 둘러앉은 우리는
말랑한 반죽으로 둥근달을 빚는다
콩고물을 한 숟가락 넣고
반으로 접으면
손바닥 안에서 반달이 떠오른다
내가 만든 것은 울퉁불퉁,
누나가 만든 달보다
엄마가 빚은 반달이 예쁘다
김 모락이는 시루에
솔잎향 솔솔 피어오르면
기다리다 잠이 든 나는
꿈속에서 초록달을 만난다.

冬
겨울의 맛

김밥
시래깃국
배추김치
꼬막
과메기
동치미
감자탕
설렁탕
깍두기
총각김치
매생이국
아귀찜
동태탕
만두
갈비탕
식혜

김밥

김이 까만 손수건을 펼치자
돌돌 말려 갇힐 줄 모르고 밥도
제 몸을 하얗게 펼친다
참기름 볶은 깨에 고소한 밥알
소금 간에 속살은 얼마나 쓰렸을까
계란부침, 단무지, 당근, 오이채
아차, 우엉이 빠져서는 제 맛이 안 나지
도마 위에 대발을 풀고 정성을 더하여
토막토막 칼날 아래서 피어나는 꽃
이 꽃을 가장 멋지게 피우는 방법은,
님에게 눈을 감고 입을 벌리게 한 다음
내가 먼저 한 입 먹고
내 상처의 꽃을 님의 가슴에 심는 일
김밥을 먹는 사람은 알 것이다
상처도 김밥 속에선 꽃이 된다는 것을

시래깃국

그늘에 말라서야 얻은 이름
시래기는 삶아도 시래기
식탁에 오르기 전
질긴 껍질을 벗겨야 하니
떡잎으로 마른 땅을 가르던 손,
땡볕과 폭우를 견디며
뿌리를 돌보던 솜털손인데
목 잘려 거꾸로 매달린 채
한겨울을 낡아 갔으니
어찌 질기지 않을 수 있으랴
펄펄 끓는 솥에서
푸르렀던 날을 기억해내고
온유했던 모습으로 돌아가니
잃는 것도 자연으로 돌아가는 것
시래깃국 한 그릇에
시린 발로 둘러앉던 겨울밤이 들어있네

배추김치

늦가을 안아다 칼로 쪼갠다
스스럼없이 제 속을 여는
단맛 가득한 배추의 마음
밑동을 추운 밭에 두고 온
언 마음에 우리는 소금을 뿌린다
김장을 담그는 것은
배추를 잠재우는 일
미나리 쪽파를 썰어 향을 피우고
마늘 젓갈을 고춧가루로 버무려
겨드랑이 사이사이에 끼워주고
처진 그 어깨를 다독여 준다
흰 눈 내릴 때까지
항아리 속에 긴 잠이 들어
아픔이 숙성되어 식탁에 오르면
입 안 가득 군침 돌고
젓가락보다 손이 먼저 간다

꼬막

인사동 그 집 '여자만'에 가면
손님 중 반은 남자들
그중 반은 꼬막을 찾는답니다
여기저기 꼬막조개 까먹느라
소꿉놀이소리 정겹고요
속살을 감싼 열린 입술 사이로
개펄내음 솔솔 흘러나옵니다
방사륵 굴곡 사이사이
밀물과 썰물의 그늘 켜켜이 서려
바다가 몸을 열듯 부챗살을 열면
촉촉이 젖어있는 조갯살
꼬막손으로 담아온
순천만의 파도소리
눈물로 왈칵, 쏟아집니다

과메기

청어의 젖은 눈을 나란히 놓고
꿰어 말린다는 관목貫目에서
네 이름이 지어졌으니
한 날 한 시에 태어난
너희는 필시 한 핏줄이다
청어가 떠난 포항에서
널 닮은 꽁치로 너를 대신한다
봄은 아직 먼 바다에서 울고
해풍 시린 덕장에 겨울은 길어
밤에 얼었다가 낮에 풀리는 살
해와 달이 스며들어
자르르 기름이 흐르는 너를 잘라
물미역 김에 올리고
파 미나리 초장에 찍어 취하노라
갯바람에 피를 말리며 흘린
마지막 눈물을 삼킨다.

동치미

어머니 잃은 장독대 항아리들
옹기종기 마음속에서 숨 쉰다
군대 간 형, 소식 더딜 때
동치미 항아리 앞에서 어머니는
흐르는 마음을 훔치곤 하셨는데
겨울바람을 등에 업은 항아리가
흰 눈을 머리에 이고
발그레 갓물을 우려내는 동안
무 홀로 살얼음 속에서
제 살을 익히고 있었네
제대한 형이 돌아오던 날
동치미를 떠오시는 어머니
사발가득 겨울하늘이 동동 떠 있고
무 속 같은 하얀 이를 드러내고
동치미 맛처럼 웃으셨네

감자탕

두 알만 들어있어도 이름은 감자탕
말만 잘하면 얼마든지 공짜다
대 중 소 어떤 것이든
주머니(酒money) 걱정 없는 날
돼지 등뼈 우려낸 국물
전골냄비 끓어오르면
정이 넘치는 잔은 돌아가고
뼈와 뼈 살과 살 사이
시래기향에 노곤해진 고깃살
겨자장에 찍어 한입 넣으면
여기가 어디이고
그대는 누구인가
오늘만은 서로 지갑 열겠다고
가위바위보 소리도 정겨운
감자탕집 겨울밤은 깊어만 간다

설렁탕

첫봄, 임금님이 백성들 앞에서
쟁기질 해 보이는 날
소 한 마리 잡아 백성들에게 먹였다는
선농탕先農湯
밥맛과 국수사리 맛도 담백하여
임금의 입과 백성의 입도
설렁탕 앞에서는 평등하다네
가늘게 파 썰어 넣고
소금만으로 간맞춘 설렁탕
백성을 위해 흘리는
임금의 눈물은 거짓이 없기에
하늘빛 오롯이 담긴 국물
한 그릇 바닥까지 비울 때
나는 어느새
장딴지 걷어붙인 그 옛날 농부가 되네

깍두기

바쁘게 살아가는 사람들
간편한 식탁에는
깍두기만한 반찬이 없다네
국밥 한 그릇,
라면 한 그릇 앞에 마주할 때
깍두기마저 없다면
그 식탁은 얼마나 외로울 것인가
젓가락 하나로 집으려면
육면 모서리를 깍듯이 썰어야 하네
소금 간에 잘 절인 무
마늘 고춧가루 양념이 찹쌀풀에 배어
알싸한 무가 붉으레 물들면
감칠 맛 나는 깍두기가 된다네
고독한 사람들 끼니마다
깍두기가 깍듯한 애인이라네

총각김치

얼굴 뽀얀 어린 무
상투 틀지 않은 무청을 달았으니
총각이 맞긴 맞지요
빳빳한 무는 천일염으로 절여
찹쌀풀국에 젓갈 넣고
갖은 양념에 버무려야 하지요
오모가리에 숙성된 총각김치는
소리로 먹는 것이라서
총각무 한입 깨물면
오독대는 소리에
처녀 얼굴도 붉어지지요
가을마다 총각김치 담가줄
처녀가 곁에 없어
그는 여전히
총각딱지를 떼어내지 못했지요

매생이국

사위 놈 미울 땐
매생이국 끓여 먹이란 말,
김도 나지 않는 매생이 국 먹다가
입천장 홀딱 데이고 알게 되었네

청정바다에서 아무도 몰래
프랑크톤 길러내던
초록초록한 실오라기들
명주실보다 여리고 가늘어
갓난아이 속눈썹처럼 부드럽다네

겨울산 대나무밭에
칼바람 잦아들 때
죽엽 같은 마음으로
초록바다 한 사발 나눌 때면
두마음 초록으로 물들어오네

아귀찜

말처럼 되는 일 없을 때
말 없어도 좋은 친구를 불러
아귀찜집을 찾는다
굽는 요리는 뒤집기 바쁘고
탕요리는 졸아들어 짜게 되니
정겨운 눈빛만으로 한 잔 나누는 데엔
아귀찜이 제격이다
접시에 솟아오른 붉은 산
고추냉이장에 적신 아귀살
매콤한 콩나물 호호 불면
쏟아지는 땀방울
얼얼한 입에 한 잔 털어 넣으면
입천장에서 가슴까지 후련해진다

동태탕

동해의 수평선에 솟아오르는
태양의 기운을 담은 눈빛
탕탕, 도마 위에 토막 나도
집요하게 부릅뜨고 있다
봄바다로 돌아갈 길은 먼데
얼었던 몸 불을 지피자
살 속으로 스며드는 홍고추향
급냉고에 정지되었던
물살을 가르던 기억들이
무 대파 두부 속으로 파고든다
그물로 붙잡아도 원망 없이
끓는 솥에 제살을 풀어
천적의 입맛을 달래주는 너는
어느 바다의 나그네였더냐

만두

쉿,
입을 꼭 다물고 있어
답답하고 뜨거워도
절대, 입을 열어선 안돼
만약 입을 열어 속을 보이면
그땐 너희들은 끝이야, 알았지!

예쁜 새댁 고운 입술로
왜 그렇게 험한 말을 해야만 했는지
묻지 마오
김이 나는 찜솥을 열어
뜨거운 만두 한 접시 마주하면
그때, 만두가 말해줄 테니

갈비탕

반가운 친구와 우연히 마주쳤을 때
따뜻한 정을 나누기엔
갈비탕이 좋다
그 국물의 남다른 맛은
갈비뼈 속에서 우러나온 것
아기를 품에 재우는 엄마처럼
오장육부를 둥글게 말아 감은
여문 손가락 같은 뼈이기에
그윽한 향미가 깊다
옆구리를 살짝 건드리기만 해도
간지러워 자지러지는 것은
그곳에 갈비뼈가 있기 때문이다
순한 황소,
갈비맛과 향이 고스란히 우러난
따뜻한 갈비탕 한 그릇
사시사철 보약으로 손색없다

식혜

겨울하늘이
가슴에 품고 있던 눈을 떠나보내고
제자리마저 비우고 싶었는지
식혜 속에 제 몸을 내려놓았다
떫은 세상을 살아가는 우리도
식혜 밥알처럼
가끔은 자신을 비워봄직하다
밥알이 단맛을 찬물에 버리고야
엿기름과 어우러져 삭을 수 있듯
비우고 가까이 다가가야만
그러안고 서로 삭을 수 있다
빈 마음으로 다가가
가진 온기로 데우며 죄다 주려할 때
서로 달콤하게 맛들 수 있다

□ 평설

나눔으로 맛 드는 情과 생명의 詩學

『우리음식으로 빚은 詩』 김필영의 '음식시'에 대해

오홍진(문학평론가)

나눔으로 맛 드는 情과 생명의 詩學

『우리음식으로 빚은 詩』 김필영의 '음식시'에 대해

오홍진(문학평론가)

1. 기억

우리음식, '음식시(飮食詩)'는 말 그대로 한반도 음식에 대한 시이다. 음식을 소재로 시를 쓰는 것이 언뜻 낯설어 보이지만, 달리 생각하면 음식만큼 시에 어울리는 소재도 없지 않을까 싶다. 음식은 우선 가장 일상적인 소재이다. 우리는 늘 음식을 먹는다. 먹지 않으면 생명을 유지할 수 없다는 점에서 우리에게 음식은 생명과도 같은 것이다. 요컨대 음식에는 우리를 생명으로서 존재하게 만드는 힘이 있다. 먹고-먹히는 관계가 생명의 장(場)으로 순환되는 역학만으로도 '음식'은 충분히 시적인 소재가 될 만하다. 음식시의 전범이라 할 수 있는 「국수」에서 백석은 국수를 "이 반가운 것"이라고 표현했다. 아득한 옛날부터 이어져 내려온 "이 그지없이 고담(枯淡)하고 소박(素朴)한 것"을 향한 예찬의 시선에서 우리는 음식을 대하는 시인들의 정서를 어느 정도 예감할 수 있다. 소박한 음식 하나에도 열광하던 그 사람들의 마음이 모여 우리의 음식 문화가 이루어졌다. 음식이 하나의 문화로 자리 잡는 배경에는 무엇보다 음식을 대하는 이들의 질박한 마음이 스며들어 있는 바, 김필영의 음식시를 가로지르는 시적 정서 또한 음식을 대하는 이 마음과 무관하지 않을 것이다.

「홍어삼합」이라는 제목의 시를 먼저 보도록 하자. 이 시에서 시인은 사춘기 때 경험한 홍어에 대한 기억을 떠올리고 있다. 장터에서 만난 외삼촌이 “너도 한길 다 컷응게 탁배기 한 잔 혀라”고 하면서 홍어삼합 한 점을 시인의 입에 넣어준다. “콧속으로 치미는 독한 냄새에/ 안절부절 허둥대던 기억”이라는 시적 진술에 나타나는 대로, 이 시절의 기억은 시인에게 하나의 이미지-기억으로 남아 있다. ‘독한 냄새’의 감각은 시간이 지나도 사라지지 않는 몸의 상처와도 같은 것이다. “내 나이 외삼촌만큼 되어” 남도식당 노적봉에 들른 시인은 그 시절을 회상하며 묵은지에 삶은 돼지고기, 삭힌 홍어를 곁들인 홍어삼합을 먹는다. 그런데 삼합을 먹기도 전에 시인의 눈에서 눈물이 먼저 흐른다. “콧속으로 치미는 독한 냄새” 때문만은 아니었으리라. 예나 지금이나 홍어의 독한 냄새는 사라지지 않았다. 시간이 흘러 시인의 몸은 사춘기 때의 몸과 달라졌지만, 홍어삼합에 대한 감각만은 여전히 ‘독한 냄새’로 남아 있다. 시간의 흐름 속에서도 변화되지 않는, 아니 변할 수 없는 어떤 감각이 시인의 눈에 눈물을 고이게 한 셈이다.

김필영의 음식시에는 이처럼 시인의 몸에 새겨진 음식의 감각, 정확히 말하면 시간의 흐름 속에서도 사라지지 않는 기억의 흔적들이 다채롭게 펼쳐져 있다. 음식에 대한 기억이 한 존재의 생을 대표한다고 말해도 지나친 말이 아닐 정도로, 시인은 음식을 통해 그가 살아온 생의 중심으로 시나브로 걸어 들어 가려고 한다. 음식에 대한 기억을 시의 세계로 호명함으로써 시인은 지금까지 살아온 삶을 되돌아보는 계기를 마련한다. 음식에 대한 기억이 관념으로 환원되지 않는 이유는 여기에 있다. 몸에 새겨진 감각이 음식에 대한 기억을 더욱 생생하게 만든다. 음식의 감각이 형성한 무의식의 세계가 그의 음식시에 드러난다고나 할까. 기억의 감각화는 이렇게 김필영의 음식시를 관통하는 시작(詩作)의 원리로 작동하고 있는 것이다.

막내를 극진히 사랑하신 아버지
식사 때면 막내와 겸상하셨다
막내와의 이른 별리를 예감하셨을까

당신의 지식과 지혜를
식탁에서부터 알려주셨다
아버지 밥상 단골 밑반찬은
누나와 형의 밥상엔 없는 장조림
나는 아버지께서 식사를 마치실 때까지
천천히 밥을 먹곤 하였는데
행여 아버지께서 장조림을 남길 때면
간간한 고기는 밥에 올려 먹고
조림장으로 밥을 비벼먹었다
날이 갈수록 야위어가던 아버지
날 위해 일부러 장조림을 남기셨음을
어리석게도
아버지가 되어서야 알게 되었으니

–「장조림」 전문

위 시에서 시인은 아버지에 대한 기억을 '장조림'이라는 음식과 결부시켜 표현하고 있다. 막내를 지극히 사랑한 아버지는 일부러 장조림을 남겨 막내가 먹도록 하였다. "당신의 지식과 지혜를/ 식탁에서부터 알려주셨다"는 화자의 진술에 드러나거니와 시인은 아버지의 사랑을 음식에 대한 기억, 곧 몸의 감각을 통해 확인하고 있다. 가난한 아버지가 보여준 최대의 사랑은 음식의 감각으로 이어져, 누군가의 아버지가 되어서야 그 시절 아버지의 사랑을 이해하게 된 시인의 어리석음을 깨우쳐 준다. 백석이라면 "이 반가운 것"이라고 일컬었을 '장조림'이라는 시적 대상은 이렇게 아이와 아비의 삶을 이어주는 생의 고리로 작용하고 있다. 식탁에서 펼쳐진 아버지의 지식과 지혜를 이제는 성인이 된 시인이 실천한다. 그것은 몸에 새겨진 감각만큼이나 본능적인 행위라고 할 수 있다. 도덕이라는 말로는 채 담아낼 수 없는 아버지의 지혜에는 그 이전의 아버지로부터 이어져 내려온 생의 감각이 아름드리 자리하고 있다.

「미역국」에서는 이러한 생의 감각이 "미역국을 먹는 것은/ 어머니 젖을 먹는 것"이고, "그 눈물을 먹는 것/ 내 어머니의 마음을 먹는 것"이라고 변주되어 나타난다. 장조림을 남긴 아버지의 마음이나, 출산 후 아이에게 첫 젖을 먹이기 위해 미역국을 힘겹게 넘기는 어머니의 마음에는 숱한 세대를 이어져 온 생의 감각이 스며들어 있다. 그 감각이 이어져 우리가 사는 이 세상이 만들어졌고, 그 감각이 이어져 우리가 먹는 이 음식들이 만들어졌다. 김필영은 음식이라는 소재를 통해 이러한 아비들과 어미들의 마음을 표현하려고 한다. "눈물범벅된 몸으로/ 당신 핏줄로 기른 생명 쏟아내고" 미역국을 먹는 어미의 모습을 상상해 보라. 그리고 아비가 남긴 장조림에 밥을 비벼먹는 아이의 모습을 생각해 보라. 음식은, 한편으로 음식에 대한 기억은 이처럼 시간을 사는 존재들에게 그 시간의 장벽을 넘어서는 어떤 힘을 부여한다. 아이를 출산한 어미는 지금도 어김없이 미역국을 먹는다. 시간의 반복이다. 시간 속에서 반복되는 기억의 힘으로 하여 지금 이곳을 살아가는 우리의 생이 있는 것이라고 말한다면, 그것은 지나친 억측인 것일까?

쌀로 지었다고 다 쌀밥이 아니지
비결은, 쌀에게 자연의 기억을 회복시켜야 해
마른 쌀을 찬물에 한 시간쯤 담가
허수아비 춤추던 들판을 불러들여 봐
쌀눈이 빠지지 않도록 살살 씻어
솥에 붓고 손등까지 물을 채우면
발목이 물에 잠긴 벼처럼 일어날 거야
센 불에서 팔팔 끓여야만
달아오른 솥에서 이리저리 뒹굴며
땡볕에 땀 흘리듯 익어갈 테니
불끄기 전, 약한 불로 뜸 들여주면
황금들녘의 벼처럼 순하게 돼

솥뚜껑 열어 김 올라오면 잠시 눈을 감아봐
밥을 풀 땐, 주걱으로 공기를 섞어 담아야
밥알 사이사이 갈바람이 담길 거야
쌀 중심에서 나온 땀의 쓴맛도
고향이야기 모락이는 입안에서는 고소한
자르르 윤기 흐르는 쌀밥

–「쌀밥」 전문

시간 속에서 반복되는 생의 감각을 시인은 "자연의 기억"이라는 말로 표현한다. 음식 자체가 이미 자연의 기억을 담고 있지 않은가. 위 시에서 시인은 "쌀로 지었다고 다 쌀밥이 아니"라고 선언한다. 쌀밥이 되려면 쌀에 내재된 자연의 기억을 회복시켜야 한다. 그가 생각하는 자연의 기억은 무엇일까? 우선 마른 쌀을 찬물에 한 시간쯤 담그라고 시인은 당부한다. 허수아비가 춤추던 들판을 불러들이기 위해서이다. 그리고는 쌀눈이 빠지지 않도록 살살 씻어 솥에 붓고 손등에 맞춰 물을 채우라고 시인은 말한다. 센 불에 팔팔 끓인 후 약한 불로 뜸을 들이는 과정까지 상세하게 표현하는데 이르면, 시인이 작심하고 쌀밥 짓는 방법을 강의하고 있는 것 같은 착각마저 든다. "자연의 기억"을 회복시켜야 한다고 해놓고 시인은 왜 밥 짓는 과정을 시의 중심에 배치하고 있을까?

여전히 시인은 딴전이다. "솥뚜껑 열어 김 올라오면 잠시 눈을 감아" 보라는 말이 이어지기 때문이다. 시인의 말을 따라 눈을 감아본다. 쌀밥의 구수한 내음이 콧속으로 스며든다. 생명의 감각이다. 쌀밥을 지은 이라면 누구나 느꼈을 가장 원초적인 감각을 시인은 냄새로 표현한다. "밥을 풀 땐, 주걱으로 공기를 섞어 담아야/ 밥알 사이사이 갈바람이 담길 거야"라는 말에 이르면 쌀밥 하나 짓는 데에도 얼마나 손이 많이 가는지 새삼 알게 된다. 뜸을 잘못 들이면 쌀밥 특유의 맛이 나지 않는다. 공기의 흐름까지 생각해야 하는 조리법이 이 세상에 또 있을까? 자연의 기억을 회복시키라는 시인의 주문은 쌀 고유의 감각을 이끌어내는 세심한

과정을 반복함으로써 완성된다.

언뜻 자질구레한 일상사의 소묘로도 볼 수 있는 위 시가 시간 속에서 반복되는 생의 감각을 표현하는 음식시로 거듭나는 까닭은 여기에 있다. 쌀밥을 먹는 건 자연의 기억을 먹는 것과 다르지 않다. 음식을 통해 전해진 자연의 기억이 있기에 아이를 낳은 어미는 미역국을 먹는다. 음식에 새겨진 생의 기억은 이렇듯 자연의 기억과 더불어 살아온 우리네의 삶과 정확히 닮아 있다. 생의 기억이 일상을 낳고, 그 일상이 모여 새로운 생의 기억으로 거듭난다. 음식에 대한 기억이 곧 음식을 먹는 우리의 일상성을 재확인하는 원초적 이미지로 작용하는 셈이다. 음식은 자연의 기억을 담고 있다. 그리고 그 기억이 우리의 일상을 구성한다. 음식과 일상의 시적 관계를 살펴봐야 하는 이유는 이로써 분명해진다고 하겠다.

2. 일상

우리의 일상은 음식을 통해 이루어진다고 해도 지나친 말은 아니다. 먹지 않으면 활동할 수 없으니 일상의 토대는 음식이라고 해도 무방하다. 김필영의 음식시에 일상의 고단함을 이야기하는 시가 많은 이유는 무엇보다 이러한 일상과 음식의 밀접한 연관관계에서 연유한다. 이를테면 「영광굴비」라는 시에서 시인은 "살아가는 일이 만만치 않아/ 처진 어깨로 끼니를 때우려 할 때/ 밥상에 올라온 굴비를 보면/ 등줄기에 불끈, 힘이 솟는다"라고 고백한다. 가시를 발라 숟가락에 올려주던 "어머니가, 울컥 그리워진다"(같은 시)는 진술에 이르면, 시인에게 음식에 대한 기억은 항상 일상의 고단함과 이어져 있는 듯도 하다. 일상의 고통이 어머니에 대한 기억을 지금 이곳으로 이끌어낸다. 기억하는 자가 생활하는 자와 다르지 않다는 시적 인식이 여기서 나타나거니와, 김필영의 음식시는 이러한 기억과 일상의 관계를 통해 보다 새로운 차원으로 그 의미가 뻗어 나가고 있는 것이다.

고슬고슬 찐 찰밥을
배꽃 필 때 빚은 누룩에 버무려
명경수에 담가 이레 밤을 새우고야
박속같은 얼굴로 웃는구나
보름밤 창호지 같은 맨살을
조롱박으로 떠서
진달래 꽃잎 띄워 벗과 마주한다
쓴맛인 듯 단맛 같고
신맛인 듯 떫은 입술에
입술이 녹는다
짜르르, 짜르르르
고단한 하루가 따라 들어와
흐린 가슴에 불을 밝힌다
발끝까지 피가 돈다

– 「막걸리」 전문

누구에게나 일상은 고단하다. '노동'이 생활과 연관되는 정도가 심할수록 우리에게 일상은 피곤한 노동의 터전이 될 수밖에 없다. 피곤하고 힘들다고 해서 일을 멀리 할 수는 없는 법, 그런 점에서 노동은 일상인이라면 피해갈 수 없는 '운명'인지도 모른다. '운명'이라는 거창한 말을 사용했지만, 이 말을 굳이 사용하지 않더라도 우리는 노동을 하며 힘들게 자신들에게 주어진 생을 살고 있다. 위 시에서 시인은 '막걸리'라는 민중의 술을 통해 저마다의 일상에 내재된 삶의 고통을 위무한다. 일이 끝나고 마시는 막걸리 한 사발에 "고단한 하루가 따라 들어"온다. "짜르르, 짜르르르" 허기진 뱃속을 자극하는 막걸리가 있어 그들은 다시 "흐린 가슴에 불을 밝힌다/ 발끝까지 피가 돈다". 쓴맛인가 하면 단맛이 들어가 있고, 신맛이 있는가 하면 떫은맛까지 느껴지는 막걸리에서 시인은 우리가 살아가는(혹은 살아가야 할) 인생의 다양한 맛을 엿본다. 단맛만 나는 인생이 있겠는가. 떫은맛만 나는 인생이 또한 있겠는가. 막걸리 한 사발로 벌이는 맛의 놀이는 사실 거친 인생에 망가진 몸과 마음을 치유하는 일상의 제의와도 같다고 할 수 있다. 이렇게 소박하지만 의미 깊은 제의로 하여 그들은 다음 날 일할 수 있는 큰 힘을 얻는다. "박속같은 얼굴로 웃는" 막걸리의 이미지가 술을 마시는 이들의 얼굴에 그대로 묻어나온다고 할까.

막걸리가 나왔으니 소주가 나오지 않을 수 없다. 「소주」에서 시인은 "넘치지도 않고, 모자라지도 않게/ 병목을 넘어와 담기는 정情"을 발견한다. 막걸리와 마찬가지로 소주 역시 우리네 서민들이 즐겨 마시는 술이다. 값이 싸기 때문이다. 하지만 그 값싼(!) 술이 우리를 새로운 "꿈 꿈 꿈,"의 세계로 이끈다. "오늘도 참 애 썼구나"라는 말과 함께 "첫잔에 이슬 떨어지는 소리"가 들린다. 시인의 말마따나, 오늘도 애쓴 사람들의 정이 소주잔에 넘치도록 떨어진다. 오늘도 '무사히' 하루를 보냈다는 안도감일까. "쌉쌀한 하루가 가슴 속으로 스러진다"고 시인은 쓰고 있다. 쌉쌀한 건 소주의 맛이고 인생의 맛이다. 쌉쌀하게 목을 넘어가는 소주로 하여 쌉쌀한 하루의 일상이 갈무리된다. 다른 것이 필요할까? 쌉쌀한 삶을 쌉쌀한 맛으로 이겨낸 게 이 시대의 민중들이라는 걸 생각한다면, "이 맑은 술 어딘가에/ 타는 불꽃이 숨어 있어/ 식은 가슴이 이토록 달아오르는가"라고 외치는 시인의 마음을 우리는 쉬이 헤아릴 수 있을 것이다.

음식은 이처럼 고달픈 일상을 살아가는 이들에게 다음 날을 살아갈 힘을 제공한다. 일상이란 게 그런 거 아닌가. 수많은 오늘들이 모여 수많은 다음 날을 만들어내는 게 일상이 아닌가. '반복'이라는 말로 표현해도 좋겠다. 먹는 일이 반복되듯 일상 또한 끊임없이 반복된다. 살아 있으면 먹어야 하듯, 살아 있으면 일상을 '살아가야' 한다. 말장난처럼 보이는 이 삶의 구조 속에 일상과 음식의 밀접한 관계가 함유되어 있다. 「잔치국수」에서 시인은 "살아가는 것이/ 밥그릇 싸움으로 느껴질 때"마다 잔치국수를 말아주는 처마 낮은 집을 찾아간다고 이야기한다. "후르륵,

후르르륵" 하는 소리가 "슬픔을 삼키는 소리" 같아서이다. 음식으로 삶의 새로운 힘을 얻는 시인의 면모가 이 시에서도 분명히 드러나는바, 음식의 일상성은 어찌 보면 이러한 감각들로 하여 더 깊은 맛으로 우러나는지 모르겠다.

북엇국은
정성으로 끓여야 맛이 드는 국
그 정성 한 그릇 마시고 나면
아무리 쓰라린 속도 봄눈 녹듯 풀린다네

–「북엇국」 부분

반가운 이와 함께 삼겹살을 굽는다
불판에 마음도 올려놓는다
단면의 빛깔만으로 힘이 솟는
탄력을 숨긴 콜라겐 껍질 아래
처음 수태하려고 부끄러웠을 연분홍살,
먹이투정 없이 자란 건강한 선홍살,
주고만 싶은 우윳빛 살이 퇴적층처럼 쌓여있다

–「삼겹살」 부분

우리 국밥 한 그릇 할까
이처럼 편안한 말도 흔치 않다
계절에 관계없이
복장에 관계없이
지갑두께에 관계없이
불쑥, 내미는 말이 정겹다

–「돼지국밥」 부분

술을 마시고 북엇국을 먹는다. 정을 주고받다 보면 "속 좋은 장사"(「북엇국」)없기 때문이-다. 일상이 힘들어 우리는 술을 마시고, 그 술이 힘들어 우리는 또 북엇국을 먹는다. 그러니까 술과 북엇국은 인생사에서 보면 하나의 음식이라고 할 수 있다. '해장'이라는 말이 의미하는 바 그대로, 북엇국은 술에 절은 몸을 푸는 음식이다. 일상에 지친 이들의 마음을 술이 풀어준다면, 술에 지친 몸은 북엇국이 풀어준다. 우리가 사는 일상의 구조가 확연히 드러난다고나 할까. 그러니 시인의 말처럼 "북엇국은/ 정성으로 끓여야 맛이 드는 국"이다. 어느 음식인들 정성이 들어가지 않았을까만, 쓰라린 속을 풀어주는 북엇국에는 특히나 이런 정성이 배 이상으로 들어가야 한다. 치유의 음식이기 때문이다. 다음날의 건강한 일상을 예비하는 음식이기 때문이다.

그래서일까, 김필영의 음식시에는 반가운 이와 함께 밥을 먹는 이야기가 많이 나온다. 밥을 먹는 일이 그에게는 마음을 나누는 의식으로 나타난다. 마음을 나눌 수 없는 사람과 먹는 밥이 제대로 소화될 리는 만무하다. 편안하지 않으니 그럴 수밖에 없다. 반가운 이와 함께 삼겹살을 굽는 「삼겹살」의 화자가 "불판에 마음도 올려놓는" 이유는 여기에 있다. 삼겹살이 익으면 사람들의 마음 또한 익는다. "삼겹, 남은 이야기를 함께 굽는다"(「삼겹살」)는 이 시의 결구를 참고한다면, 삼겹은 이야기의 다양한 겹=결을 의미할 수도 있다. 음식의 겹=결을 따라 이야기의 겹=결이 만들어진다. 저마다의 사람들이 풀어내는 이야기의 겹=결로 하여 삼겹살을 굽는 장소는 다양한 삶의 이야기들이 교차하는 광장으로 펼쳐진다. 같이 밥을 먹으며 이야기를 나누는 게 더불어 정을 나누는 것이라는 시인의 생각이 잘 드러난 작품이라고 하겠다.

「돼지국밥」에서는 "우리 국밥 한 그릇 할까"라는 말에 새겨진 관계의 맥락이 음식과 연관하여 제대로 표현되어 있다. 아무에게나 할 수 없는 이 편안한 말에서 시인은 정겨움을 느낀다. 계절, 복장, 지갑두께에 상관없이 편한 사람을 만나면 우리는 언제나 이 말을 즐겨 한다. 밥 한 끼 먹는 게 대수인가. 수없이 먹어왔고, 앞으로 수없이 먹어야 할 밥 한 끼의 미학은 이렇듯 사람살이의 관계와 맞물려 새로운 의미를 얻게 된다. 이제 한 끼의 밥은 더 이상 한 끼의 밥이 아니다. 편안한 사람과 먹는 한 끼의 밥은 그 자체로 이미 특별한 일상을 함축하고 있다. "오래전 충무로 그 갈빗집"의 기억을 묘사하고 있는 「숯불갈비」를 참조한다면, 편안한 사람과의 한 끼는 "숯향처럼 그윽한 그대를/ 지금 내 옆구리 가까이 있게 해 준" 특별한 일상으로 이어진다. 음식이 일상을 낳고 그 일상은 또 다른 일상을 낳는다. 돼지국밥 한 그릇에 담긴 의미가 숯불갈비 3인분에 담긴 의미로 확장되면서, 음식은 그것을 먹는 이들의 특별한 삶을 야기하는 특별한 대상으로 변주된다.

생의 기억은 이렇게 해서 음식에 새겨진다. 돼지국밥을 먹으면 그 시절의 편안한 사람이 떠오르고, 숯불갈비를 먹으면 그 시절의 아내가 젊은 모습 그대로 눈앞에 펼쳐진다. 돼지갈비를 먹으며 아내와의 시비(是非)를 푸는 내용을 담고 있는 「돼지갈비」 역시 이러한 기억과 일상의 관계를 분명히 보여주고 있다. "돼지갈비에 술 한 잔 나눈 날 밤"은 이제 추억이 되어 버렸지만, 그것은 기억이 되어 어느 날 문득 일상 속으로 스며든다. 음식에 새겨진 기억은 맛의 기억, 곧 감각의 기억이다. 몸에 새겨진 기억이라는 말이다. 김필영의 음식시를 관통하는 음식의 일상성은 이처럼 몸에 새겨진 음식의 기억을 끊임없이 지금 여기로 불러냄으로써 이루어진다. 일상 속에서 기억이 펼쳐지는, 혹은 기억이 일상 속에서 반복되는 어떤 순간을 시인은 음식이라는 오브제로 표현하고 있는 셈이다.

3. 생명

우리가 음식을 먹고 산다는 점을 다시 한 번 강조할 필요가 있다. 우리의 생명이 음식의 생명과 잇닿아 있다는 사실을 이 점은 늘 상기시켜 주기 때문이다. 우리는 음식을 통해 "자연의 기억"(「쌀밥」)을 흡수한다.

자연의 기억은 돌려 말하면 생명의 기억이다. 생명의 역사가 우리가 먹는 음식 속에, 정확히 말하면 음식의 재료 속에 스며들어 있다. 음식에 대한 시적 성찰은 그러므로 생명에 대한 시적 성찰로 나아갈 수밖에 없다. 우리가 음식을 먹는 것은 타자의 생명을 먹는 것이다. 음식시가 일상사의 단순한 표현을 넘어서는 까닭은 여기에 있다. 음식시는 생명과 생명의 관계를 다루고 있다는 점에서, 최근 시에 두드러지게 나타나는 생명의 미학과 밀접하게 이어져 있다. 우리의 몸이 이미 수많은 생명들의 집합체가 아닌가. 산다는 건 무언가를 먹는다는 것이고, 무언가를 먹는다는 건 그 '무언가'와 관계를 맺고 있다는 것을 의미한다. 살아가는 것 자체가 생명의 그물망에 포섭되어 있다.

이를테면 「산낙지」에서 시인은 "죽음 앞에/ 여린 발로 날선 칼날을 휘감는/ 두려움 없는 저 몸짓"의 산낙지를 묘사한다. 그는 지금 한 생명 앞에 서 있다. 조금 있으면 죽어야 할 생명이지만, 산낙지는 그에 아랑곳없이 날선 칼날을 여린 발로 휘감는다. 생에 대한 본능인 것일까. 중요한 것은 생의 본능에 충실한 이 생명을 우리는 '음식'으로 먹어야 하는 현실에 있다. 적자생존의 법칙이라고 말해도 좋고, 운명이라고 말해도 상관없다. 산낙지는 산낙지대로 생에 대한 욕망을 부풀리고 있고, 우리들은 우리들대로 생에 대한 욕망을 '먹는' 행위로 드러내고 있다. 인간의 눈으로 바라보면 연민이라는 감정이 생길 수 있지만, 생명의 관계에는 인간의 눈으로는 볼 수 없는 수많은 조건들이 다양한 차원으로 구조화되어 있다. 그 관계를 어떻게 인식하느냐는 당연히 그것을 인식하는 자의 몫이다. 생명의 사슬에서 보자면, 먹고 먹히는 관계는 피할 수 없는 현실이다. 김필영 음식시의 밑바탕에 생명의 윤리가 깔려 있는 것은 이로써 입증될 수 있을 것이다.

그늘에 말라서야 얻은 이름
시래기는 삶아도 시래기
식탁에 오르기 전

질긴 껍질을 벗겨야 하니
떡잎으로 마른 땅을 가르던 손,
땡볕과 폭우를 견디며
뿌리를 돌보던 솜털손인데
목 잘려 거꾸로 매달린 채
한겨울을 낢아갔으니
어찌 질기지 않을 수 있으랴
펄펄 끓는 솥에서
푸르렀던 날을 기억해내고
온유했던 모습으로 돌아가니
잃는 것도 자연으로 돌아가는 것
시래깃국 한 그릇에
시린 발로 둘러앉던 겨울밤이 들어있네

–「시래깃국」 전문

위 시에서 시인은 시래기에게도 자기만의 시간이 있었음을 이야기한다. 땡볕과 폭우를 견디며 솜털손으로 뿌리를 돌본 세월이 시래기에게는 있었고, 목 잘려 거꾸로 매달린 채 한겨울의 찬바람을 맞은 세월이 시래기에게는 또한 있었다. "어찌 질기지 않을 수 있으랴"라는 시인의 감탄에도 나타나거니와, 시래기의 질긴 특성은 시간의 잔혹함을 견디는 생명의 힘으로부터 기인한 셈이다. 그런데 시래기가 음식으로 변하기 위해서는 또 하나의 험난한 과정이 필요하다. "펄펄 끓는 솥에서/ 푸르렀던 날을 기억해"냄으로써 '질긴' 시래기는 다시 부드러워져야 하는 것이다. 우리가 먹는 시래기는 그래서 질기면서도 부드럽다. 그것 자체가 시래기라는 생명 고유의 특성이기 때문이다. 시래깃국 한 그릇에는 시래기의 이러한 시간-생명이 그대로 배어 있다. 시래깃국 한 그릇을 먹음으로써 우리는 시래기라는 생명이 살아온 시간을 먹는다. 시래기의 시간이 그것을 먹는 존재의 시간으로 다시금 살아난다고 봐도 좋겠다.

생명의 시간은 이처럼 수많은 생명들의 죽음을 통해 새롭게 구성된다. '나'의 시간에는 이미 수많은 생명들의 시간이 개입해 있다. 「식혜」에 드러나는 대로 밥알은 "단맛을 찬물에 버리고야/ 엿기름과 어우러져 삭을 수 있"다. 식혜만 그런 게 아니다. 우리가 먹는 모든 음식에는 이러한 비움의 철칙이 아름드리 새겨져 있다. 자기 고유의 맛을 고집하면 제대로 된 음식의 맛이 나오지 않는다. "빈 마음으로 다가가/ 가진 온기로 데우며 죄다 주려할 때/ 서로 달콤하게 맛들 수 있다"는 생의 진리를 시인은 식혜라는 음식으로부터 찾아낸다. 개개의 음식들은 이렇게 김필영의 음식시 속에서 저들만의 고유한 자리를 하나하나 차지한다. 온 동네를 진동시키는 청국장의 냄새는 "나눠먹고 싶은 이 땅의 인심"(「청국장」)이 되고, 소금은 "살 속에 모난 자식을 키워내며/ 찢어지는 아픔을 참아낸 당신의 사리"(「소금」)가 된다. 묵을수록 맛이 깊어지는 된장찌개(「된장찌개」)가 있는가 하면, 온갖 잡스러움을 포용하는 잡채(「잡채」)가 음식시의 한 공간에 들어서기도 한다. 맘씨 고운 사람들이 햇살 담은 기운을 먹고 싶어 담근다는 고추장(「고추장」)과 바쁘게 살아가는 사람들의 식탁에 꼭 오르는 깍두기(「깍두기」)에 이르기까지 시인이 시의 공간으로 불러내는 음식들은 한정이 없다. 사계절의 맛으로 나뉘어 실린 이 다채로운 시편들을 읽으면서 필자는 저마다의 음식에 새겨진 고유한 특성들을 새삼 알게 되었다. 음식에는 그 음식을 먹는 사람들의 기억이, 일상이 살아 숨 쉬고 있다. 달리 말하면 음식으로 만들어진 생명들의 숨결이 우리들의 일상 속에서 살아 숨 쉬고 있다. 음식은 어떻게 보면 이러한 생명성을 통해 그 본질이 표현되는지도 모른다. 먹는 이의 기억으로만, 일상으로만 한정되지 않고 생명의 사슬이라는 거대한 기억으로 뻗어나가는 것.

첫사랑이 눈빛으로 시작되듯
눈으로 먼저 맛을 본다
콩나물, 시금치, 호박, 당근

나물들이 지닌 빛깔을 들여다보면
자연의 이야기들이 오롯이
입안에 먼저 씹힌다
비빈다는 것은
서로의 체온을 아낌없이 나누는 것
밥과 나물이 맛과 향이 어우러진다
매콤한 고추장으로 간을 맞추고
고소한 참기름으로 향을 보탠다
비빈 밥을 한입 삼키며
고소해진 마음에 마음을 비빈다.

–「비빔밥」 전문

"비빈다는 것은/ 서로의 체온을 아낌없이 나누는 것"이라고 시인은 이야기한다. 콩나물, 시금치, 호박, 당근 등의 여러 생명들이 어우러진 비빔밥은 그 자체로 거대한 생명의 사슬을 형성하고 있다. 비빔밥의 묘미는 다양한 재료들을 알맞게 섞는 데 있다. 제대로 섞이지 않으면 그것은 비빔밥이 아니다. '비비다'라는 말에 드리워진 몸-언어로서의 맥락을 생각한다면, 비빔밥만큼 생명의 감각을 정확히 표현한 것은 드물지 않나 싶다. 비빔밥은 어찌 보면 상당히 에로틱한 음식이다. 몸을 섞어야 제대로 맛이 나기 때문이다. 아니, 모든 음식들이 저마다 이러한 '비비다'의 에로티즘을 표현하고 있다고 봐도 좋다. 음식의 에로티즘은 생명의 에로티즘만큼이나 강렬하다. 아낌없이 제 몸을 바치고, 아낌없이 타자의 몸을 탐한 결과가 바로 음식으로 나타나는 게 아닌가.

이렇게 본다면 우리가 음식을 먹는 일 또한 "서로의 체온을 아낌없이 나누는" 에로티즘의 미학에 근거한 것이라고 할 수 있다. 「김밥」에서 시인은 김밥을 "토막토막 칼날 아래서 피어나는 꽃"으로 표현한다. 계란무침, 단무지, 당근, 오이채, 우엉 등이 서로의 체온을 아낌없이 나눔으로

써 만들어진 게 김밥이다. 그러니 "상처도 김밥 속에선 꽃이 된다는" 시인의 말에 자연히 고개가 끄덕여진다. 제 몸을 비워 희생하는 생명이 있어 음식의 새로운 맛이 만들어진다. 제 몸을 고집하면 고유의 맛이 사라진다는 점을 김필영은 음식시를 통해 무엇보다 강조하고 있다. 음식이란 생명의 관계에 다름 아니라는 것을, 그래서 자기의 체온을 아낌없이 내줘야만 제대로 된 음식이, 삶이 이루어질 수 있다는 것을 시인은 강조한다. 음식으로 하여 만들어지는 그 숱한 일상과 기억들을 시의 언어로 토로하며 시인은 이 시대의 우리가 지향해야 할 생명의 미학을 보여주고 있다. 그의 음식시는 이런 점에서 생명시라고 할 수 있다. 그 어느 때보다 생명이 경시되는 이 시대에 시인은 음식을 통해 생명의 본질을 이야기한다. 그에 따르면 음식을 먹는 것은 곧 생명이 생명을 먹는 것이다. 자연이라는 말이다. 그 자연을 실천하며 우리는 지금도 음식을 먹으며 살고 있다. 다른 생명을 먹는 우리가 어떻게 살아가야 하는지를 김필영의 『우리음식으로 빚은 詩』, 음식시는 에둘러 표현하고 있는 것이다.

이 시집이 출간되도록 도와주신 분

KOREA INTERNATIONAL
SCHOOL OF ART

Dean Claude Choe

YESLINK CO., LTD.

CEO 윤 예 숙

한국외식정보(주)
월간식당 · 식품외식경제

TOTAL KITCHEN
DAERYUNG
주식회사 대륭
Kitchen Design Consulting & Maker